THIS PLANNER BELONGS TO:

2019

January
M	T	W	T	F	S	S
	1	2	3	4	5	6
7	8	9	10	11	12	13
14	15	16	17	18	19	20
21	22	23	24	25	26	27
28	29	30	31			

February
M	T	W	T	F	S	S
				1	2	3
4	5	6	7	8	9	10
11	12	13	14	15	16	17
18	19	20	21	22	23	24
25	26	27	28			

March
M	T	W	T	F	S	S
				1	2	3
4	5	6	7	8	9	10
11	12	13	14	15	16	17
18	19	20	21	22	23	24
25	26	27	28	29	30	31

April
M	T	W	T	F	S	S
1	2	3	4	5	6	7
8	9	10	11	12	13	14
15	16	17	18	19	20	21
22	23	24	25	26	27	28
29	30					

May
M	T	W	T	F	S	S
		1	2	3	4	5
6	7	8	9	10	11	12
13	14	15	16	17	18	19
20	21	22	23	24	25	26
27	28	29	30	31		

June
M	T	W	T	F	S	S
					1	2
3	4	5	6	7	8	9
10	11	12	13	14	15	16
17	18	19	20	21	22	23
24	25	26	27	28	29	30

July
M	T	W	T	F	S	S
1	2	3	4	5	6	7
8	9	10	11	12	13	14
15	16	17	18	19	20	21
22	23	24	25	26	27	28
29	30	31				

August
M	T	W	T	F	S	S
			1	2	3	4
5	6	7	8	9	10	11
12	13	14	15	16	17	18
19	20	21	22	23	24	25
26	27	28	29	30	31	

September
M	T	W	T	F	S	S
						1
2	3	4	5	6	7	8
9	10	11	12	13	14	15
16	17	18	19	20	21	22
23	24	25	26	27	28	29
30						

October
M	T	W	T	F	S	S
	1	2	3	4	5	6
7	8	9	10	11	12	13
14	15	16	17	18	19	20
21	22	23	24	25	26	27
28	29	30	31			

November
M	T	W	T	F	S	S
				1	2	3
4	5	6	7	8	9	10
11	12	13	14	15	16	17
18	19	20	21	22	23	24
25	26	27	28	29	30	

December
M	T	W	T	F	S	S
						1
2	3	4	5	6	7	8
9	10	11	12	13	14	15
16	17	18	19	20	21	22
23	24	25	26	27	28	29
30	31					

Date		Holiday	Days until
January 1 2019	Tuesday	New Year's Day	358
January 21 2019	Monday	Martin Luther King Day	378
February 2 2019	Saturday	Groundhogs Day	390
February 14 2019	Thursday	Valentine's Day	402
February 18 2019	Monday	Presidents' Day	406
March 17 2019	Sunday	St. Patrick's Day	433
April 21 2019	Sunday	Easter	468
April 22 2019	Monday	Earth Day	469
May 5 2019	Sunday	Cinco de Mayo	482
May 12 2019	Sunday	Mother's Day	489
May 27 2019	Monday	Memorial Day	504
June 14 2019	Friday	Flag Day	522
June 16 2019	Sunday	Father's Day	524
July 4 2019	Thursday	Independence Day	542
September 2 2019	Monday	Labor Day	602
October 14 2019	Monday	Columbus Day	644
October 31 2019	Thursday	Halloween	661
November 11 2019	Monday	Veterans Day	672
November 28 2019	Thursday	Thanksgiving Day	689
November 29 2019	Friday	Black Friday	690
December 2 2019	Monday	Cyber Monday	693
December 25 2019	Wednesday	Christmas Day	716

NOTES

January 2019

MONDAY	TUESDAY	WEDNESDAY	THURSDAY
31	1	2	3
7	8	9	10
14	15	16	17
21	22	23	24
28	29	30	31

FRIDAY	SATURDAY	SUNDAY	NOTES
4	5	6	
11	12	13	
18	19	20	
25	26	27	
1	2	3	

MON DECEMBER 31, 2018

TUE JANUARY 1, 2019

WED JANUARY 2, 2019

JANUARY 3, 2019 THU

JANUARY 4, 2019 FRI

JANUARY 5, 2019 SAT

JANUARY 6, 2019 SUN

MON — **JANUARY 7, 2019**

TUE — **JANUARY 8, 2019**

WED — **JANUARY 9, 2019**

JANUARY 10, 2019 — THU

JANUARY 11, 2019 — FRI

JANUARY 12, 2019 — SAT

JANUARY 13, 2019 — SUN

MON JANUARY 14, 2019

TUE JANUARY 15, 2019

WED JANUARY 16, 2019

JANUARY 17, 2019 THU

JANUARY 18, 2019 FRI

JANUARY 19, 2019 SAT

JANUARY 20, 2019 SUN

MON — **JANUARY 21, 2019**

TUE — **JANUARY 22, 2019**

WED — **JANUARY 23, 2019**

JANUARY 24, 2019 THU

JANUARY 25, 2019 FRI

JANUARY 26, 2019 SAT

JANUARY 27, 2019 SUN

MON JANUARY 28, 2019

TUE JANUARY 29, 2019

WED JANUARY 30, 2019

THU JANUARY 31, 2019

FRI FEBRUARY 1, 2019

SAT FEBRUARY 2, 2019

SUN FEBRUARY 3, 2019

February 2019

MONDAY	TUESDAY	WEDNESDAY	THURSDAY
28	29	30	31
4	5	6	7
11	12	13	14
18	19	20	21
25	26	27	28

FRIDAY	SATURDAY	SUNDAY	NOTES
1	2	3	
8	9	10	
15	16	17	
22	23	24	
1	2	3	

MON — FEBRUARY 4, 2019

TUE — FEBRUARY 5, 2019

WED — FEBRUARY 6, 2019

FEBRUARY 7, 2019 — THU

FEBRUARY 8, 2019 — FRI

FEBRUARY 9, 2019 — SAT

FEBRUARY 10, 2019 — SUN

FEBRUARY 11, 2019

FEBRUARY 12, 2019

FEBRUARY 13, 2019

FEBRUARY 14, 2019
THU

FEBRUARY 15, 2019
FRI

FEBRUARY 16, 2019
SAT

FEBRUARY 17, 2019
SUN

MON **FEBRUARY 18, 2019**

TUE **FEBRUARY 19, 2019**

WED **FEBRUARY 20, 2019**

FEBRUARY 21, 2019 THU

FEBRUARY 22, 2019 FRI

FEBRUARY 23, 2019 SAT

FEBRUARY 24, 2019 SUN

FEBRUARY 25, 2019
MON

FEBRUARY 26, 2019
TUE

FEBRUARY 27, 2019
WED

📅 **THU** FEBRUARY 28, 2019

📅 **FRI** MARCH 1, 2019

📅 **SAT** MARCH 2, 2019

📅 **SUN** MARCH 3, 2019

March 2019

MONDAY	TUESDAY	WEDNESDAY	THURSDAY
25	26	27	28
4	5	6	7
11	12	13	14
18	19	20	21
25	26	27	28

FRIDAY	SATURDAY	SUNDAY
1	2	3
8	9	10
15	16	17
22	23	24
29	30	31

NOTES

MARCH 4, 2019

MARCH 5, 2019

MARCH 6, 2019

MARCH 7, 2019 THU

MARCH 8, 2019 FRI

MARCH 9, 2019 SAT

MARCH 10, 2019 SUN

MON MARCH 11, 2019

TUE MARCH 12, 2019

WED MARCH 13, 2019

MARCH 14, 2019 THU

MARCH 15, 2019 FRI

MARCH 16, 2019 SAT

MARCH 17, 2019 SUN

MARCH 18, 2019

MARCH 19, 2019

MARCH 20, 2019

MARCH 21, 2019
THU

MARCH 22, 2019
FRI

MARCH 23, 2019
SAT

MARCH 24, 2019
SUN

MARCH 25, 2019 — MON

MARCH 26, 2019 — TUE

MARCH 27, 2019 — WED

MARCH 28, 2019 THU

MARCH 29, 2019 FRI

MARCH 30, 2019 SAT

MARCH 31, 2019 SUN

April 2019

MONDAY	TUESDAY	WEDNESDAY	THURSDAY
1	2	3	4
8	9	10	11
15	16	17	18
22	23	24	25
29	30	1	2

FRIDAY	SATURDAY	SUNDAY	NOTES
5	6	7	
12	13	14	
19	20	21	
26	27	28	
3	4	5	

📅 **MON**   APRIL 1, 2019

📅 **TUE**   APRIL 2, 2019

📅 **WED**   APRIL 3, 2019

APRIL 4, 2019
THU

APRIL 5, 2019
FRI

APRIL 6, 2019
SAT

APRIL 7, 2019
SUN

MON APRIL 8, 2019

TUE APRIL 9, 2019

WED APRIL 10, 2019

APRIL 11, 2019
THU

APRIL 12, 2019
FRI

APRIL 13, 2019
SAT

APRIL 14, 2019
SUN

MON APRIL 15, 2019

TUE APRIL 16, 2019

WED APRIL 17, 2019

APRIL 18, 2019
THU

APRIL 19, 2019
FRI

APRIL 20, 2019
SAT

APRIL 21, 2019
SUN

📅 **MON**   **APRIL 22, 2019**

📅 **TUE**   **APRIL 23, 2019**

📅 **WED**   **APRIL 24, 2019**

APRIL 25, 2019 — THU

APRIL 26, 2019 — FRI

APRIL 27, 2019 — SAT

APRIL 28, 2019 — SUN

APRIL 29, 2019 MON

APRIL 30, 2019 TUE

MAY 1, 2019 WED

MAY 2, 2019 THU

MAY 3, 2019 FRI

MAY 4, 2019 SAT

MAY 5, 2019 SUN

May 2019

MONDAY	TUESDAY	WEDNESDAY	THURSDAY
29	30	1	2
6	7	8	9
13	14	15	16
20	21	22	23
27	28	29	30

FRIDAY	SATURDAY	SUNDAY	NOTES
3	4	5	
10	11	12	
17	18	19	
24	25	26	
31	1	2	

MON — MAY 6, 2019

TUE — MAY 7, 2019

WED — MAY 8, 2019

MAY 9, 2019 THU

MAY 10, 2019 FRI

MAY 11, 2019 SAT

MAY 12, 2019 SUN

MON MAY 13, 2019

TUE MAY 14, 2019

WED MAY 15, 2019

MAY 16, 2019 THU

MAY 17, 2019 FRI

MAY 18, 2019 SAT

MAY 19, 2019 SUN

📅 **MAY 20, 2019**
MON

📅 **MAY 21, 2019**
TUE

📅 **MAY 22, 2019**
WED

MAY 23, 2019
THU

MAY 24, 2019
FRI

MAY 25, 2019
SAT

MAY 26, 2019
SUN

MAY 27, 2019 — MON

MAY 28, 2019 — TUE

MAY 29, 2019 — WED

MAY 30, 2019 THU

MAY 31, 2019 FRI

JUNE 1, 2019 SAT

JUNE 2, 2019 SUN

June 2019

MONDAY	TUESDAY	WEDNESDAY	THURSDAY
27	28	29	30
3	4	5	6
10	11	12	13
17	18	19	20
24	25	26	27

FRIDAY	SATURDAY	SUNDAY	NOTES
31	1	2	
7	8	9	
14	15	16	
21	22	23	
28	29	30	

MON — JUNE 3, 2019

TUE — JUNE 4, 2019

WED — JUNE 5, 2019

JUNE 6, 2019
THU

JUNE 7, 2019
FRI

JUNE 8, 2019
SAT

JUNE 9, 2019
SUN

MON JUNE 10, 2019

TUE JUNE 11, 2019

WED JUNE 12, 2019

JUNE 13, 2019
THU

JUNE 14, 2019
FRI

JUNE 15, 2019
SAT

JUNE 16, 2019
SUN

MON JUNE 17, 2019

TUE JUNE 18, 2019

WED JUNE 19, 2019

JUNE 20, 2019
THU

JUNE 21, 2019
FRI

JUNE 22, 2019
SAT

JUNE 23, 2019
SUN

MON JUNE 24, 2019

TUE JUNE 25, 2019

WED JUNE 26, 2019

JUNE 27, 2019
THU

JUNE 28, 2019
FRI

JUNE 29, 2019
SAT

JUNE 30, 2019
SUN

JULY 1, 2019

JULY 2, 2019

JULY 3, 2019

JULY 4, 2019
THU

JULY 5, 2019
FRI

JULY 6, 2019
SAT

JULY 7, 2019
SUN

July 2019

MONDAY	TUESDAY	WEDNESDAY	THURSDAY
1	2	3	4
8	9	10	11
15	16	17	18
22	23	24	25
29	30	31	1

FRIDAY	SATURDAY	SUNDAY	NOTES
5	6	7	
12	13	14	
19	20	21	
26	27	28	
2	3	4	

MON JULY 8, 2019

TUE JULY 9, 2019

WED JULY 10, 2019

JULY 11, 2019 THU

JULY 12, 2019 FRI

JULY 13, 2019 SAT

JULY 14, 2019 SUN

MON JULY 15, 2019

TUE JULY 16, 2019

WED JULY 17, 2019

JULY 18, 2019 THU

JULY 19, 2019 FRI

JULY 20, 2019 SAT

JULY 21, 2019 SUN

JULY 22, 2019 — MON

JULY 23, 2019 — TUE

JULY 24, 2019 — WED

JULY 25, 2019
THU

JULY 26, 2019
FRI

JULY 27, 2019
SAT

JULY 28, 2019
SUN

MON JULY 29, 2019

TUE JULY 30, 2019

WED JULY 31, 2019

AUGUST 1, 2019
THU

AUGUST 2, 2019
FRI

AUGUST 3, 2019
SAT

AUGUST 4, 2019
SUN

August 2019

MONDAY	TUESDAY	WEDNESDAY	THURSDAY
29	30	31	1
5	6	7	8
12	13	14	15
19	20	21	22
26	27	28	29

FRIDAY	SATURDAY	SUNDAY	NOTES
2	3	4	
9	10	11	
16	17	18	
23	24	25	
30	31	1	

AUGUST 5, 2019

AUGUST 6, 2019

AUGUST 7, 2019

AUGUST 8, 2019 THU

AUGUST 9, 2019 FRI

AUGUST 10, 2019 SAT

AUGUST 11, 2019 SUN

AUGUST 12, 2019

AUGUST 13, 2019

AUGUST 14, 2019

AUGUST 15, 2019
THU

AUGUST 16, 2019
FRI

AUGUST 17, 2019
SAT

AUGUST 18, 2019
SUN

AUGUST 19, 2019 — MON

AUGUST 20, 2019 — TUE

AUGUST 21, 2019 — WED

📅 **AUGUST 22, 2019**
THU

📅 **AUGUST 23, 2019**
FRI

📅 **AUGUST 24, 2019**
SAT

📅 **AUGUST 25, 2019**
SUN

MON AUGUST 26, 2019

TUE AUGUST 27, 2019

WED AUGUST 28, 2019

AUGUST 29, 2019 THU

AUGUST 30, 2019 FRI

AUGUST 31, 2019 SAT

SEPTEMBER 1, 2019 SUN

September 2019

MONDAY	TUESDAY	WEDNESDAY	THURSDAY
26	27	28	29
2	3	4	5
9	10	11	12
16	17	18	19
23	24	25	26
30	1	2	3

	FRIDAY	SATURDAY	SUNDAY	NOTES
	30	31	1	
	6	7	8	
	13	14	15	
	20	21	22	
	27	28	29	
	4	5	6	

MON — SEPTEMBER 2, 2019

TUE — SEPTEMBER 3, 2019

WED — SEPTEMBER 4, 2019

SEPTEMBER 5, 2019
THU

SEPTEMBER 6, 2019
FRI

SEPTEMBER 7, 2019
SAT

SEPTEMBER 8, 2019
SUN

MON SEPTEMBER 9, 2019

TUE SEPTEMBER 10, 2019

WED SEPTEMBER 11, 2019

SEPTEMBER 12, 2019 THU

SEPTEMBER 13, 2019 FRI

SEPTEMBER 14, 2019 SAT

SEPTEMBER 15, 2019 SUN

MON SEPTEMBER 16, 2019

TUE SEPTEMBER 17, 2019

WED SEPTEMBER 18, 2019

SEPTEMBER 19, 2019 THU

SEPTEMBER 20, 2019 FRI

SEPTEMBER 21, 2019 SAT

SEPTEMBER 22, 2019 SUN

📅 **MON**   **SEPTEMBER 23, 2019**

📅 **TUE**   **SEPTEMBER 24, 2019**

📅 **WED**   **SEPTEMBER 25, 2019**

SEPTEMBER 26, 2019 — THU

SEPTEMBER 27, 2019 — FRI

SEPTEMBER 28, 2019 — SAT

SEPTEMBER 29, 2019 — SUN

MON — SEPTEMBER 30, 2019

TUE — OCTOBER 1, 2019

WED — OCTOBER 2, 2019

OCTOBER 3, 2019 THU

OCTOBER 4, 2019 FRI

OCTOBER 5, 2019 SAT

OCTOBER 6, 2019 SUN

October 2019

MONDAY	TUESDAY	WEDNESDAY	THURSDAY
30	1	2	3
7	8	9	10
14	15	16	17
21	22	23	24
28	29	30	31

FRIDAY	SATURDAY	SUNDAY	NOTES
4	5	6	
11	12	13	
18	19	20	
25	26	27	
1	2	3	

OCTOBER 7, 2019

OCTOBER 8, 2019

OCTOBER 9, 2019

OCTOBER 10, 2019 THU

OCTOBER 11, 2019 FRI

OCTOBER 12, 2019 SAT

OCTOBER 13, 2019 SUN

MON OCTOBER 14, 2019

TUE OCTOBER 15, 2019

WED OCTOBER 16, 2019

OCTOBER 17, 2019 — THU

OCTOBER 18, 2019 — FRI

OCTOBER 19, 2019 — SAT

OCTOBER 20, 2019 — SUN

MON OCTOBER 21, 2019

TUE OCTOBER 22, 2019

WED OCTOBER 23, 2019

OCTOBER 24, 2019
THU

OCTOBER 25, 2019
FRI

OCTOBER 26, 2019
SAT

OCTOBER 27, 2019
SUN

OCTOBER 28, 2019 — MON

OCTOBER 29, 2019 — TUE

OCTOBER 30, 2019 — WED

OCTOBER 31, 2019 THU

NOVEMBER 1, 2019 FRI

NOVEMBER 2, 2019 SAT

NOVEMBER 3, 2019 SUN

November 2019

MONDAY	TUESDAY	WEDNESDAY	THURSDAY
28	29	30	31
4	5	6	7
11	12	13	14
18	19	20	21
25	26	27	28

FRIDAY	SATURDAY	SUNDAY	NOTES
1	2	3	
8	9	10	
15	16	17	
22	23	24	
29	30	1	

MON — **NOVEMBER 4, 2019**

TUE — **NOVEMBER 5, 2019**

WED — **NOVEMBER 6, 2019**

NOVEMBER 7, 2019 — THU

NOVEMBER 8, 2019 — FRI

NOVEMBER 9, 2019 — SAT

NOVEMBER 10, 2019 — SUN

MON — NOVEMBER 11, 2019

TUE — NOVEMBER 12, 2019

WED — NOVEMBER 13, 2019

NOVEMBER 14, 2019 THU

NOVEMBER 15, 2019 FRI

NOVEMBER 16, 2019 SAT

NOVEMBER 17, 2019 SUN

MON NOVEMBER 18, 2019

TUE NOVEMBER 19, 2019

WED NOVEMBER 20, 2019

NOVEMBER 21, 2019 THU

NOVEMBER 22, 2019 FRI

NOVEMBER 23, 2019 SAT

NOVEMBER 24, 2019 SUN

NOVEMBER 25, 2019
MON

NOVEMBER 26, 2019
TUE

NOVEMBER 27, 2019
WED

NOVEMBER 28, 2019 THU

NOVEMBER 29, 2019 FRI

NOVEMBER 30, 2019 SAT

DECEMBER 1, 2019 SUN

December 2019

MONDAY	TUESDAY	WEDNESDAY	THURSDAY
25	26	27	28
2	3	4	5
9	10	11	12
16	17	18	19
23	24	25	26
30	31	1	2

FRIDAY	SATURDAY	SUNDAY	NOTES
29	30	1	
6	7	8	
13	14	15	
20	21	22	
27	28	29	
3	4	5	

DECEMBER 2, 2019 — MON

DECEMBER 3, 2019 — TUE

DECEMBER 4, 2019 — WED

DECEMBER 5, 2019 — THU

DECEMBER 6, 2019 — FRI

DECEMBER 7, 2019 — SAT

DECEMBER 8, 2019 — SUN

DECEMBER 9, 2019 — MON

DECEMBER 10, 2019 — TUE

DECEMBER 11, 2019 — WED

DECEMBER 12, 2019 — THU

DECEMBER 13, 2019 — FRI

DECEMBER 14, 2019 — SAT

DECEMBER 15, 2019 — SUN

DECEMBER 16, 2019 — MON

DECEMBER 17, 2019 — TUE

DECEMBER 18, 2019 — WED

THU — DECEMBER 19, 2019

FRI — DECEMBER 20, 2019

SAT — DECEMBER 21, 2019

SUN — DECEMBER 22, 2019

MON DECEMBER 23, 2019

TUE DECEMBER 24, 2019

WED DECEMBER 25, 2019

DECEMBER 26, 2019 — THU

DECEMBER 27, 2019 — FRI

DECEMBER 28, 2019 — SAT

DECEMBER 29, 2019 — SUN

MON DECEMBER 30, 2019

TUE DECEMBER 31, 2019

WED JANUARY 1, 2020

JANUARY 2, 2020
THU

JANUARY 3, 2020
FRI

JANUARY 4, 2020
SAT

JANUARY 5, 2020
SUN

2020

January
M	T	W	T	F	S	S
	1	2	3	4	5	
6	7	8	9	10	11	12
13	14	15	16	17	18	19
20	21	22	23	24	25	26
27	28	29	30	31		

February
M	T	W	T	F	S	S
					1	2
3	4	5	6	7	8	9
10	11	12	13	14	15	16
17	18	19	20	21	22	23
24	25	26	27	28	29	

March
M	T	W	T	F	S	S
						1
2	3	4	5	6	7	8
9	10	11	12	13	14	15
16	17	18	19	20	21	22
23	24	25	26	27	28	29
30	31					

April
M	T	W	T	F	S	S
		1	2	3	4	5
6	7	8	9	10	11	12
13	14	15	16	17	18	19
20	21	22	23	24	25	26
27	28	29	30			

May
M	T	W	T	F	S	S
				1	2	3
4	5	6	7	8	9	10
11	12	13	14	15	16	17
18	19	20	21	22	23	24
25	26	27	28	29	30	31

June
M	T	W	T	F	S	S
1	2	3	4	5	6	7
8	9	10	11	12	13	14
15	16	17	18	19	20	21
22	23	24	25	26	27	28
29	30					

July
M	T	W	T	F	S	S
		1	2	3	4	5
6	7	8	9	10	11	12
13	14	15	16	17	18	19
20	21	22	23	24	25	26
27	28	29	30	31		

August
M	T	W	T	F	S	S
					1	2
3	4	5	6	7	8	9
10	11	12	13	14	15	16
17	18	19	20	21	22	23
24	25	26	27	28	29	30
31						

September
M	T	W	T	F	S	S
	1	2	3	4	5	6
7	8	9	10	11	12	13
14	15	16	17	18	19	20
21	22	23	24	25	26	27
28	29	30				

October
M	T	W	T	F	S	S
			1	2	3	4
5	6	7	8	9	10	11
12	13	14	15	16	17	18
19	20	21	22	23	24	25
26	27	28	29	30	31	

November
M	T	W	T	F	S	S
						1
2	3	4	5	6	7	8
9	10	11	12	13	14	15
16	17	18	19	20	21	22
23	24	25	26	27	28	29
30						

December
M	T	W	T	F	S	S
	1	2	3	4	5	6
7	8	9	10	11	12	13
14	15	16	17	18	19	20
21	22	23	24	25	26	27
28	29	30	31			